Einfach selbst gemacht!
Geniale Bastelideen mit Papptellern

Kara L. Laughlin

Aus dem Amerikanischen
von Nadja Runschke

Arena

Bildnachweis Capstone Studio: Karon Dubke; Shutterstock: Eskemar (S. 16, rechts), Hal_P (S. 28), Melica (S. 6, oben), Silberkorn (S. 10, oben), whitemaple (S. 20, oben), Wiktoria Pawlak (S. 12, unten), wind moon (S. 26)

1. Auflage 2016
Für die deutsche Ausgabe:
© 2016 Arena Verlag GmbH, Würzburg
Alle Rechte vorbehalten
Für die Originalausgabe:
© 2015 Capstone Press, ein Imprint von Capstone
Text: Kara L. Laughlin
Aus dem Amerikanischen von Nadja Runschke
Lektorat: Jeni Wittrock; Design: Bobbie Nuytten; Fotostylist: Sarah Schuette; Studioplanung: Marcy Morin;
Produktion: Kim Braun, Tori Abraham
Gesamtherstellung: Westermann Druck Zwickau GmbH
ISBN 978-3-401-70839-3

www.arena-verlag.de

Inhalt

Einleitung 4
Fang den Knopf! 6
3-D-Bilderrahmen 8
Murmelbahn 10
Mach Musik! 12
Picknick-Schale 16
Fröhliche Fische 18
Mini-Garten 20
Becherlampe 22
Glücksdrache 24
Schenk ich dir! 28

Einleitung

Schau mal in eure Küche. Bestimmt findest du dort ein paar Pappteller und -becher. Du denkst, die sind nur zum Picknicken? Dann weißt du noch nicht, was für großartige Sachen du daraus machen kannst: kleine Kunstwerke, laute Musikinstrumente und richtiges Spielzeug!

Für alle Vorschläge in diesem Buch brauchst du nur Pappteller oder Pappbecher – und ein wenig Bastelmaterial. Wenn du etwas zu Hause nicht findest, geh in ein Bastelgeschäft oder Schreibwarengeschäft.

Jetzt aber erst einmal viel Spaß mit diesem Buch! Bestimmt kommen dir beim Basteln noch mehr Ideen, was du alles aus Pappe basteln kannst …

Fang den Knopf!

Du brauchst
» 1 Pappbecher
» Bleistift
» ein Stück Schnur (ca. 50 cm)
» großer Knopf
» kleiner Knopf

1 Bohre mit dem Bleistift ein Loch in den Becherboden.

2 Fädle die Schnur durch das Loch.

3 Knote an jedes Ende der Schnur einen Knopf. Der kleine Knopf soll im Becher auf dem Boden liegen. Der große Knopf hängt an der Schnur unter dem Becher.

4 Dann kann's losgehen! Gib dem großen Knopf Schwung und versuche, ihn mit dem Becher aufzufangen. Das ist gar nicht so leicht – am Anfang brauchst du ein bisschen Geduld.

Fertig! Und jetzt? Wenn du schon ein richtiger Profi bist und den Knopf fast immer fängst, versuch es mal mit einer längeren Schnur. Geht es dann schwerer oder leichter? Und wie ist es mit einer kürzeren Schnur – oder einem kleineren Knopf?

3-D-Bilderrahmen

Du brauchst
- » Buntstifte oder Filzstifte (wasserfest)
- » mehrere Pappteller
- » Locher
- » Schere
- » buntes Papier
- » Klebstoff

1 Zeichne ein Tier oder eine Person in die Mitte des папptellers.

2 Bohre ein Stückchen über der Zeichnung ein Loch in den Teller. An dieser Stelle beginnst du zu schneiden.

3 Schneide die obere Hälfte des Hintergrundes weg. Pass dabei auf deine Zeichnung auf und lass den Rand des Tellers ganz.

4 Falte den oberen Tellerrand nach hinten. Deine Zeichnung steht nun in einem 3-D-Bilderrahmen.

5 Als Verzierung kannst du Konfetti aus deinem Locher aufkleben.

Fertig! Und jetzt?
Zeichne von jedem Familienmitglied ein Bild – und von deinem Haustier!

Murmelbahn

Du brauchst
» 3–10 Pappteller
» Schere
» Klebeband
» Bauklötze o. Ä.
» Murmeln

1 Halbiere 2–3 Teller und schneide den Rand ab.

2 Befestige die Randstücke mit Klebeband an den Bauklötzen, bis du eine lange Bahn gebaut hast.

3 Lass probehalber eine Murmel von oben hinabkullern.

4 Falte die Randstücke der Länge nach, sodass eine Rinne entsteht. So kann die Murmel nicht so leicht herausfallen. Du kannst auch zwei Randstücke nebeneinanderkleben.

5 Es macht nichts, wenn die Murmel mal aus der Bahn fliegt. Übung macht den Meister!

Fertig! Und jetzt? Stell eine Schüssel unter das Endstück deiner Bahn. Wechsle dich mit einem Freund ab. Lasst Murmeln hinunterkullern. Bei wem landen die meisten Murmeln in der Schüssel?

Mach Musik!

Du brauchst

- » 1 Pappbecher
- » 4 Pappteller
- » Schere
- » 5 Gummibänder
- » Bleistift
- » Filzstifte (wasserfest), Sticker o. Ä. zum Verzieren
- » getrocknete Hülsenfrüchte
- » Tacker (bitte einen Erwachsenen um Hilfe)
- » Klebstoff
- » Lineal oder Rührholz (Malerbedarf)

Trommel

1. Schneide aus einem Teller einen großen Kreis aus. Lege ihn auf einen Pappbecher.
2. Knicke die überstehenden Teile des Kreises nach unten. Befestige den Kreis mit einem Gummiband.
3. Nun kannst du mit der Hand oder mit einem Bleistift darauf trommeln.

Rassel

1. Verziere die Unterseite eines Papptellers.
2. Lege eine Handvoll getrocknete Hülsenfrüchte auf den Teller.
3. Falte den Teller in der Mitte zusammen und tackere die Ränder zu. (Bitte einen Erwachsenen um Hilfe.)

Banjo

1. Schneide vier kurze Schlitze in den Tellerrand. Mach dasselbe auf der gegenüberliegenden Seite.

2. Schneide die Gummibänder durch. Steck jeweils ein Ende in einen Schlitz und das andere Ende in den gegenüberliegenden Schlitz.

3. Tackere die Enden der Gummisaiten auf der Tellerrückseite fest.

4. Nimm einen zweiten Pappteller und klebe ihn unter den ersten. Während der Klebstoff trocknet, kannst du das Rührholz (oder das Lineal) verzieren.

5. Klebe das Rührholz an das Banjo. Sobald der Klebstoff trocken ist, kannst du losklimpern.

Fertig! Und jetzt? Wie wäre es mit einem kleinen Festzug mit Musik? Ziehe durch die Wohnung oder lauf die Straße entlang. Nimm weitere Instrumente mit, damit du mit deinen Freunden in einer Band spielen kannst.

Picknick-Schale

Du brauchst
- » 1 Pappteller
- » Bleistift, Kugelschreiber oder Filzstift
- » Geschenkband oder Deko-Klebeband
- » Schere

1 Zeichne zwei parallele Linien auf den Teller (siehe Foto).

2 Drehe den Teller um eine Vierteldrehung. Zeichne nochmals zwei Linien. In der Mitte siehst du nun ein großes Quadrat.

3 Schneide die vier Dreiecke aus den Ecken heraus.

4 Knicke auf jeder Seite des Quadrats den Rand nach oben.

5 Klebe Deko-Klebeband auf oder knote Geschenkband rund um die Schale, damit der Rand seine Form behält.

Fertig! Und jetzt? In der Schale kannst du leckere Dinge zum Picknicken transportieren. Am besten bastelst du noch einen Deckel. Dafür folgst du der Anleitung für die Schale, lässt aber zwischen den Linien ein kleines bisschen mehr Abstand. Damit der Deckel nicht rutscht, kannst du ihn mit ein paar Klebestreifen an der Schale befestigen.

Fröhliche Fische

Du brauchst
- » mehrere Pappteller
- » Wackelaugen
- » Filzstifte (wasserfest)
- » Schere
- » Klebstoff

1 Schneide ein Tortenstück aus einem Pappteller heraus. Nun hat der Fisch ein Maul.

2 Klebe die Spitze des Tortenstücks hinten an den Fisch.

3 Klebe ein Auge auf.

4 Male deinem Fisch Flossen und Schuppen.

Fertig! Und jetzt? Bastle ein Aquarium für deine Fische. Besorge einen großen Karton und kippe ihn auf die Seite. Klebe Bindfaden auf die Rücken der Fische. Klebe die Fäden im Karton an die Decke, sodass die Fische herunterhängen. Male ein Unterwasserbild und klebe es hinten im Karton an die Wand.

Mini-Garten

Du brauchst
- » 1 Pappbecher
- » feuchte Erde
- » Moos oder andere kleine Pflanzen
- » eine Handvoll Kieselsteine
- » kleine Steine oder Spielzeugfiguren
- » 1 Plastikbecher (durchsichtig)

1 Gib ein paar Kieselsteine in den Pappbecher.

2 Fülle den Becher mit feuchter Erde.

3 Lege feuchtes Moos auf die Erde – mit der grünen Seite nach oben. Falls du kein Moos findest, kannst du andere kleine Pflanzen nehmen.

4 Setze kleine Steine oder Spielzeugfiguren auf die Erde.

5 Decke den Mini-Garten mit dem durchsichtigen Becher ab.

6 Stelle deinen Mini-Garten an einen sonnigen Platz.

Wenn du den Deckel darauf lässt, brauchst du deinen Mini-Garten kaum gießen. Nimm nach einem Monat den Deckel ab und stecke vorsichtig den Finger in die Erde. Fühlt sie sich trocken an, dann gib einen Esslöffel Wasser darauf. Teste nach ein paar Tagen noch einmal.

Fertig! Und jetzt? Bau dir einen größeren Garten in einem Goldfischglas oder etwas Ähnlichem. Setze verschiedene Pflanzen und Moose hinein und gestalte mit kleinen Figuren eine lustige Szene. Oder lege einen Wüstengarten mit ein paar Kakteen an.

Becherlampe

Du brauchst
- » viele Pappbecher
- » viele Büroklammern
- » Taschenlampe

1. Verbinde zwei Pappbecher am oberen Rand mit einer Büroklammer.

2. Befestige einen dritten Becher an den beiden.

3. Füge immer mehr Becher hinzu. Steck die Büroklammer immer an die Stelle, wo sich die Becher berühren.

4. So entsteht aus den Bechern eine Kugel. Lasse dabei eine Öffnung frei.

5. Stecke eine Taschenlampe in die Öffnung. Jetzt leuchtet deine Becherlampe!

Fertig! Und jetzt? Verschließe die Öffnung mit Bechern. Nimm die Kugel mit nach draußen. Kannst du sie rollen? Versuche, die Kugel ganz vorsichtig einem Freund zuzuwerfen.

Glücksdrache

Du brauchst

- » 11 Pappbecher
- » Bleistift
- » 5 Klorollen, in 10 Ringe zerschnitten (jeweils ca. 5 cm breit)
- » Schnur
- » Klebeband
- » Locher
- » Krepppapier-Streifen
- » Filzstift (wasserfest), buntes Papier oder Sticker für das Drachengesicht

1. Bohre mit dem Bleistift in jedem Becher ein Loch in den Boden.

2. Fädle auf die Schnur immer abwechselnd einen Becher und einen Pappring, zuletzt nochmals einen Becher.

3. Klebe die Schnur mit Klebestreifen am ersten und am letzten Becher fest.

4. Stanze mit dem Locher im ersten und achten Becher jeweils zwei Löcher in den Rand.

5. Ziehe zwei Stücke Schnur durch die Löcher und binde sie an dem Bleistift fest.

Chinesische Drachen

Dein Drache sieht ein bisschen aus wie die, die beim Chinesischen Neujahrsfest herumgetragen werden. Sie sind so riesig, dass mehrere Menschen sie gemeinsam tragen müssen. Dadurch sieht es so aus, als würden die Drachen tanzen.

6 Verziere das Gesicht des Drachen mit Stickern oder Filzstiften.

7 Befestige das Krepppapier mit Klebestreifen am Kopf und am Körper.

8 Halte den Bleistift hoch und lass deinen Drachen tanzen.

Schenk ich dir!

Du brauchst
- » 1 Pappbecher
- » Schere
- » kleines Geschenk
- » einfarbiger Aufkleber
- » Sticker, Schleifen oder Geschenkband

1 Schneide den Becherrand ab.

2 Schneide von oben in den Becher, sodass Laschen entstehen.

3 Lege dein Geschenk in den Becher.

4 Biege die Laschen zur Mitte hin, eine nach der anderen. Stecke die Ecke der letzten Lasche unter die erste.

5 Du kannst den Namen des Empfängers auf einen Aufkleber schreiben. Klebe ihn oben auf die Laschen.

6 Verziere die Verpackung mit Stickern, Schleifen oder Geschenkband.

Fertig! Und jetzt? Feiere eine Geschenke-Tausch-Party! Jeder Gast bringt einen Pappbecher mit – mit einem kleinen Geschenk darin. Dann sucht sich jeder einen anderen Becher aus, den er öffnen darf.

365 Basteltage
Einfache und kreative Ideen zum Selbermachen
978-3-401-70405-0

365 leckere Küchentage
Kreativ kochen und dekorieren mit Kindern
978-3-401-70725-9

Hieronymus Frosch
Faszinierende Experimente für Kinder
978-3-401-70480-7

KUNST. Das kannst du auch
Spielen mit Materialien
978-3-401-09723-7

www.arena-verlag.de